Geheimnisvolle Pilze

Text von **Lynne Boddy**
Illustriert von **Wenjia Tang**

DK

Inhalt

DK | Penguin Random House

Text Lynne Boddy
Illustrationen Wenjia Tang
Lektorat Kat Teece, Jonathan Melmoth, Sarah Larter
Gestaltung und Bildredaktion Bettina Myklebust Stovne, Diane Peyton Jones, Sakshi Saluja, Helen Senior
Herstellung Dragana Puvacic, Barbara Ossowska

Für die deutsche Ausgabe:
Programmleitung Monika Schlitzer
Redaktionsleitung Martina Glöde
Projektbetreuung Dörte Eppelin
Herstellungsleitung Dorothee Whittaker
Herstellungskoordination Bianca Isack
Herstellung Stefanie Staat

Titel der englischen Originalausgabe:
Humongous Fungus

Übersetzung Michael Kokoscha
Lektorat Agnes Pahler

ISBN 978-3-8310-4444-3

Druck und Bindung
TBB, a.s., Slowakei

www.dk-verlag.de

Die Welt der Pilze

Die Welt der Pilze umfasst rund vier Millionen Arten – vielleicht sogar mehr. Es gibt zehnmal so viele Pilze wie Pflanzen und 600-mal so viele Pilze wie Säugetiere. Hier findest du die wichtigsten Gruppen der Pilze.

Ständerpilze

So sehen die Fruchtkörper einiger Ständerpilze aus. Sie bilden Sporen, aus denen neues Pilzgewebe keimt. Der eigentliche Pilz ist das Myzel, ein Netzwerk von fadenartigen Strukturen, die man als Hyphen bezeichnet.

Wenn wir an Pilze denken, stellen wir uns Ständerpilze vor, doch Pilze haben unterschiedlichste Formen.

Hefen

Bei Hefen handelt es sich um eine Wuchsform, bei der der Pilz aus einzelnen Zellen besteht. Sie vermehren sich durch Sprossung oder Teilung.

Töpfchenpilze

Diese winzigen Pilze leben in feuchter Umgebung. Die Hyphen wachsen oft in Tier- oder Pflanzenzellen. Die Sporen werden mit dem Wasser verbreitet.

Pilze erinnern an Pflanzen, doch sie sind näher mit den Tieren verwandt.

Schlauchpilze

Wie bei den Ständerpilzen bildet das Myzel den eigentlichen Körper. Manche Fruchtkörper sind groß genug, um sie ohne Mikroskop zu sehen. Sie enthalten viele Sporenbehälter mit acht Sporen.

Viele Schimmel gehören zu den Schlauchpilzen. Sie tragen Reihen von Sporen an den Enden ihrer Hyphen.

Schimmel

Verschiedene Pilze, die Nahrung und andere Dinge befallen, bezeichnet man als Schimmel. Ihre Hyphen lassen die Oberfläche pelzig erscheinen. An ihren Enden befinden sich viele Sporen.

Pflanzen und Pilze

Die junge Erde war karg und steinig. Die Vorfahren der Pflanzen wuchsen im Wasser. Pilze ermöglichten den Pflanzen die Eroberung des Landes und die Entwicklung der Bäume, wie wir sie heute kennen.

Wasserpflanzen

Anfangs entwickelte sich das Leben im Wasser. Die Vorfahren der Pflanzen konnten im Wasser gelöste Stoffe unmittelbar aufnehmen. An Land befanden sich die Salze im Gestein und in den Böden, sodass sie kaum zugänglich waren.

Erste Landpflanzen

Vor 500 Mio. Jahren entwickelten sich die Moose an Land. Sie besaßen keine Wurzeln, um Nährstoffe und Wasser aufzunehmen. Da verbündeten sie sich mit den Pilzen …

Nahrungstausch

Pflanzen können im Gegensatz zu Pilzen Zucker herstellen. Pilze können dagegen Salze und Wasser aus der Erde aufnehmen. Also tauschen beide Nährstoffe aus.

Pflanzen geben Sauerstoff ab, den Tiere zum Atmen benötigen.

Heutige Pflanzen

Pflanzen benutzen die Sonnenenergie, um Zucker herzustellen. Tiere können keine eigenen Nährstoffe erzeugen, sodass sie Pflanzen oder andere Tiere fressen müssen.

Zusammenarbeit

Alle Bäume und die meisten anderen Pflanzen sind von den Pilzpartnern an ihren Wurzeln abhängig. Die Pflanzen bilden als Nahrung für Tiere die Basis allen Lebens.

Nützliche Pilze

Ohne Pilze würden die Ökosysteme des Festlands nicht funktionieren. Die Pilze versorgen Tiere und Pflanzen mit Nahrung, bilden Lebensräume und bauen abgestorbenes Material ab.

Lebensraum

Von Pilzen zersetztes Holz alter Bäume ist die Heimat von Insekten, die sich von den Pilzen ernähren.

Tiernahrung

Die Fruchtkörper der Ständerpilze werden von vielen Tieren gefressen. Insekten fressen auch Hyphen, und manche bauen Pilze regelrecht an.

Hyphen

Pflanzennährstoffe

Die Hyphen der Pilze wachsen in Pflanzenwurzeln ein, die von den Pilzen mit Wasser und Salzen aus dem Boden versorgt werden.

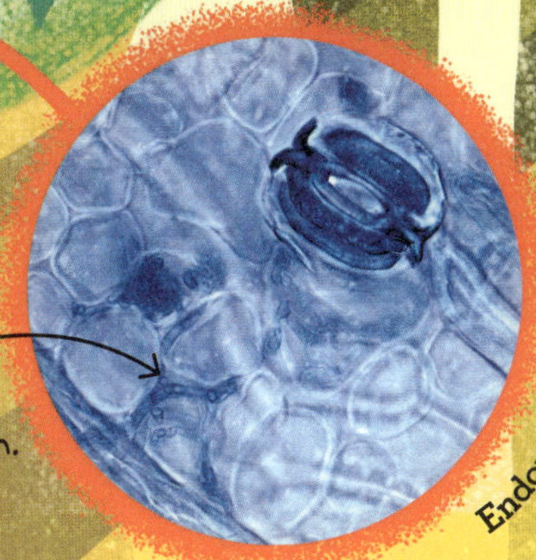

Endophytischer Pilz

Pflanzenschutz

Pilze können in Pflanzenblättern und -stängeln leben. Hier können sie Bakterien hemmen, die Pflanze vor Tieren schützen oder sie beim Wachstum unterstützen.

Einige Pilze bilden Ausgangsstoffe für Medizin.

In Tieren

Pilze leben auf und in Tieren. Die meisten helfen ihnen, gesund zu bleiben, doch manche können sie auch krank machen.

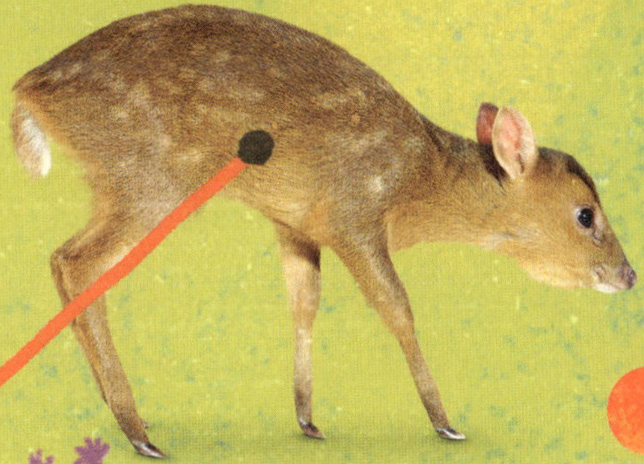

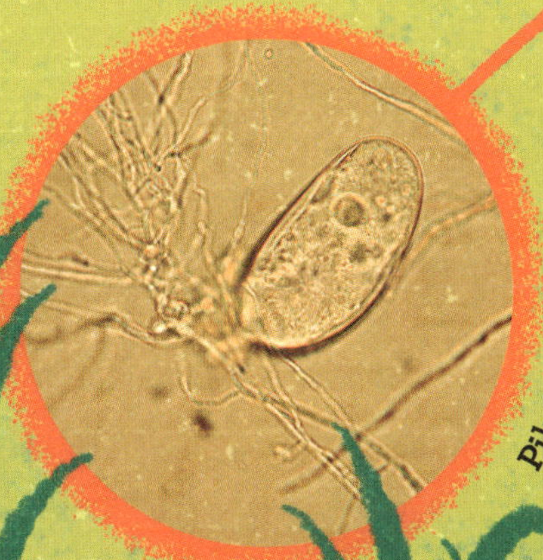

Pilz im Magen von Wiederkäuern

Recycling

Pilze zersetzen totes Gewebe, reinigen die Umgebung und geben die Nährstoffe wieder zurück an den Boden. Pflanzen benötigen Nährstoffe, um zu überleben.

Die Reise der Sporen

Aus den Sporen eines Pilzes entstehen neue Pilze. Viele Pilze – etwa die Ständerpilze – bilden die Sporen in einem Fruchtkörper. Bei anderen entstehen Sporenketten an den Enden der Hyphen.

Verbreitung mit dem Wind

Sporen werden meist vom Wind verbreitet, oft in der Nähe des Fruchtkörpers. Einige können jedoch weite Reisen antreten.

Entstehung der Sporen

Sporen entstehen an der Unterseite des Hutes in blattartigen Lamellen oder feinen Röhren. Sie werden in die Zwischenräume oder vom platzenden Fruchtkörper abgegeben. Der Wind sorgt für die Verteilung.

An den Basidien der Fruchtschicht sitzen jeweils vier Sporen.

Fliege als Taxi

Fliegen oder andere Kleintiere verbreiten die Sporen mancher Pilze. Die Pilze locken die Fliegen mit einem für uns unangenehmen Geruch an.

Manche Pilze produzieren täglich 30 Milliarden Sporen.

Schimmel

Wenn man sich Schimmel unter dem Mikroskop ansieht, erkennt man die Köpfchen am Ende der Hyphen. In ihnen entstehen die Sporen.

In jedem Jahr geben Pilze über 50 000 000 000 kg an Sporen in die Luft ab.

Sporen beobachten

Sporen sind unterschiedlich geformt und winzig klein. Doch wenn zum Beispiel ein Bovist viele auf einmal abgibt, sieht es aus wie ein Staubwölkchen.

Wachstum

Nur unter perfekten Bedingungen keimen die Sporen. Der Boden muss warm und feucht sein und Nährstoffe enthalten. Nur wenige Sporen wachsen zu einem Myzelium heran.

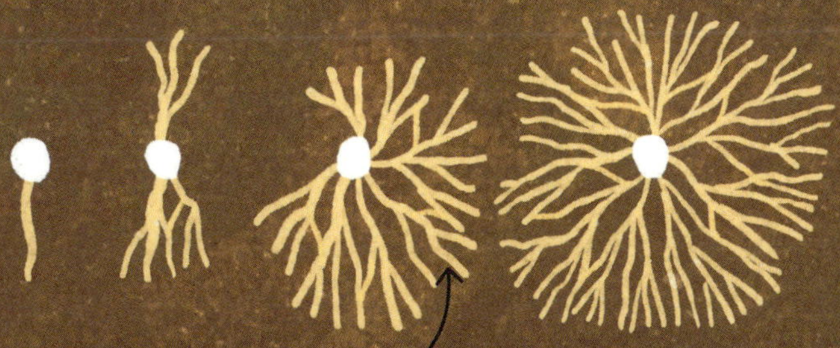

Doppelt geschützt

Sporen entstehen in den Lamellen oder Röhren eines Pilzes. Bei den Wulstlingen schützt eine Hülle (Velum) die Lamellen, und eine zweite umgibt den gesamten Fruchtkörper.

Wachstum der Pilze

Der Fruchtkörper eines Pilzes entspricht einer Blüte oder der Frucht einer Samenpflanze. Die Früchte der Pflanze enthalten die Samen, während die Sporen der Pilze in den Fruchtkörpern entstehen.

Größer und größer

Beim wachsenden Pilz verbindet das Velum den Hut mit dem Stängel. Diese Hülle schützt den Fruchtkörper, wenn er sich durch den Boden ans Licht schiebt.

Zwei Myzelien

Damit ein Fruchtkörper entstehen kann, müssen zwei Elternmyzelien miteinander verschmelzen. Ausreichend Nährstoffe und geeignetes Wetter sind weitere Voraussetzungen.

Fliegenpilz

Wenn das Velum reißt, verbleibt ein Ring am Stängel und ein weiterer – die Scheide – an der Basis. Stückchen dieser Hülle befinden sich als weiße Flecke auf dem Hut.

Schleierlinge

Das Velum der Schleierlinge ist ein Netz feiner Fasern. Ein Teil davon bleibt am Stängel, wenn es aufreißt.

Reste des Velums können bei der Bestimmung eines Pilzes helfen.

Wovon ernährt sich ein Pilz?

Anders als Pflanzen können Pilze ihre Nähr- und Aufbaustoffe nicht selbst herstellen. Sie benötigen organische Nahrung. Der Hauptteil des Pilzes, das Myzelium, schließt die Nahrung auf und verwertet sie.

Riesiges Netzwerk

Das Myzelium ist ein Netzwerk feiner Fäden, der Hyphen. Sie haben zusammen eine riesige Oberfläche, mit der sie Nährstoffe aufnehmen können.

Pilznahrung

Alles, was in der Natur wächst, dient einem Pilz als Nährstoff. Manche Arten verarbeiten einfach Zucker, andere Teile von Pflanzen, Tieren oder auch Exkremente.

Manche Pilze dienen selbst als Nahrung.

Blattschneiderameisen füttern Pilze mit Blättern, um sie dann selbst zu fressen.

Rostpilze leben als Parasiten auf Pflanzen.

Manche Pilze töten Pflanzen.

Enzyme ermöglichen die Zersetzung von Holz.

Enzyme werden abgegeben.

Hyphen

Nahrungsteilchen werden zerlegt.

Kleine Moleküle werden aufgenommen.

Hier gibt es weniger Nährstoffe.

Externe Verdauung

Menschen verdauen ihre Nahrung mit Enzymen in den Därmen. Pilze geben Enzyme dagegen nach außen ab. Dann nehmen sie Nährstoffe auf.

Hier sind viele Nährstoffe.

Verteilung

Hyphen, die guten Zugang zu Nährstoffen haben, teilen sie über ein gemeinsames Netzwerk mit den anderen. Sie können einander mitteilen, ob sie Nährstoffe brauchen oder ob sie welche abgeben können.

Pilze auf dem Waldboden

Pilze bilden eine Absperrung um ihre Territorien, so wie Menschen ihre Wohnung abschließen. Jede der Linien im Holz trennt einen Bereich ab, in dem ein Pilz lebt.

Krieg der Pilze

Pilze wachsen nicht allein, und wenn sie auf einen Pilz einer anderen Art treffen, versuchen sie, die Nahrung für sich zu sichern. Manchmal stirbt der Verlierer, manchmal geht das Treffen unentschieden aus.

Myzelienbegegnung

Wenn sich Myzelien fremder Arten im Boden treffen, produzieren sie chemische Stoffe, mit denen sie den anderen Pilz töten. Sie verteidigen sich auch mit Chemikalien.

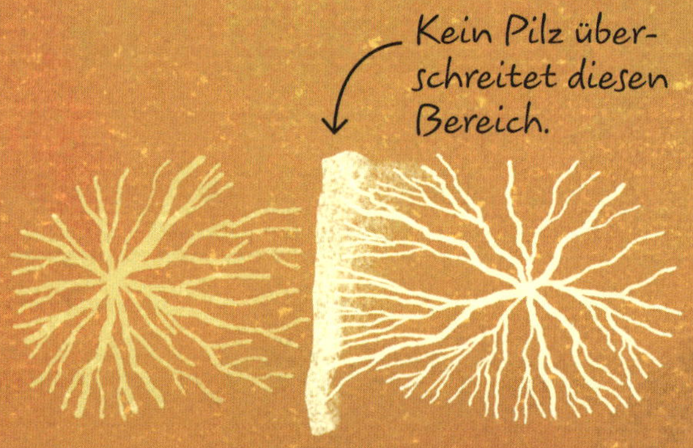

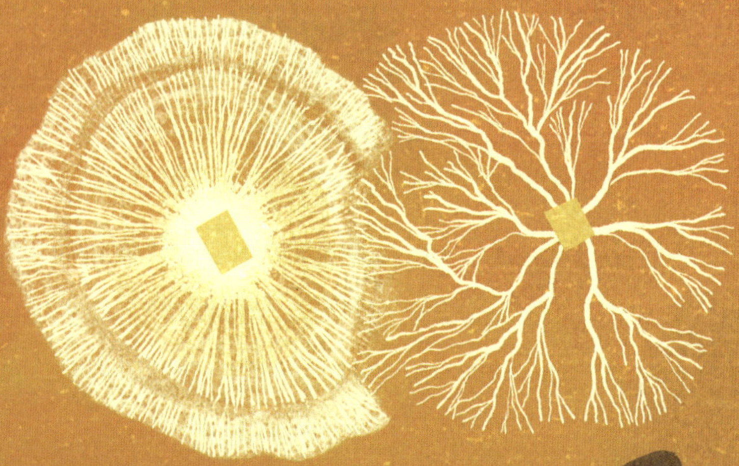

Unentschieden?

Manchmal geht es unentschieden aus und die Pilze bleiben jeweils in ihrem Bereich. Manchmal gewinnt ein Pilz und der andere verliert. Um zu gewinnen, kann ein Pilz seine Gestalt verändern.

Huckepack

Manche Pilze verzehren andere Pilze. Sie können dabei Fruchtkörper auf dem Fruchtkörper des Opfers bilden.

Gifteinsatz

Manche Pilze vergiften andere mit Gasen oder anderen Stoffen, die den Untergrund, auf dem sie wachsen, durchdringen.

Parasiten

Ein Parasit ernährt sich von seinem Wirt. Parasitische Pilze wickeln sich oft um die Hyphen eines anderen Pilzes. Manchmal dringen sie in seine Hyphen ein.

Pilze des Waldes

Es gibt über 30 000 Ständerpilzarten in den unterschiedlichsten Formen, Größen und Farben. Sie können das Aussehen von Bällen, Keulen, Konsolen, Krusten oder Gelee haben.

Die meisten Pilze findet man im Herbst.

Pilze des Waldes

Die Sporen dieser Pilze werden im Fruchtkörper gebildet. An der Spitze entsteht ein Loch, und die Sporen werden bei einer Berührung durch einen Regentropfen, einen Zweig oder ein Tier herausgeschleudert.

Stinkmorchel

Dieser Pilz lockt mit seinem Geruch nach faulem Fleisch Fliegen an. Die Fliegen verbreiten die Sporen des Pilzes.

Formen

Pilze kann man nach ihren Formen bestimmen. Findest du einige dieser Formen auf den folgenden Seiten?

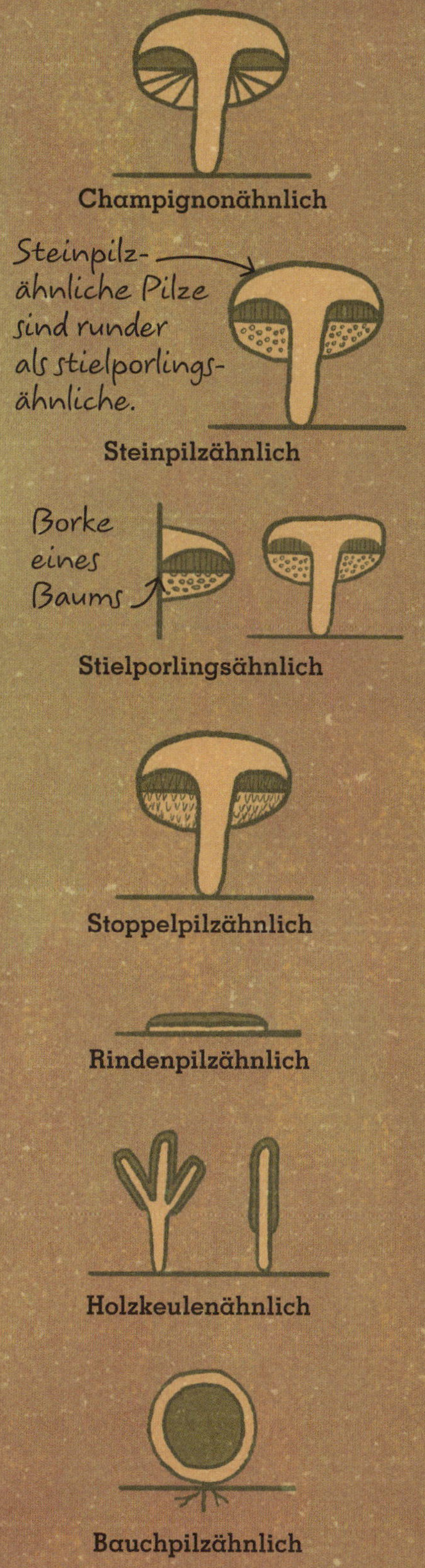

Schlauchpilze

Schlauchpilze gibt es in allen Größen – von winzig klein bis zur Größe eines Ständerpilzes. Jeder Schlauchpilz besitzt viele Sporenschläuche, von denen jeder meist acht Sporen enthält.

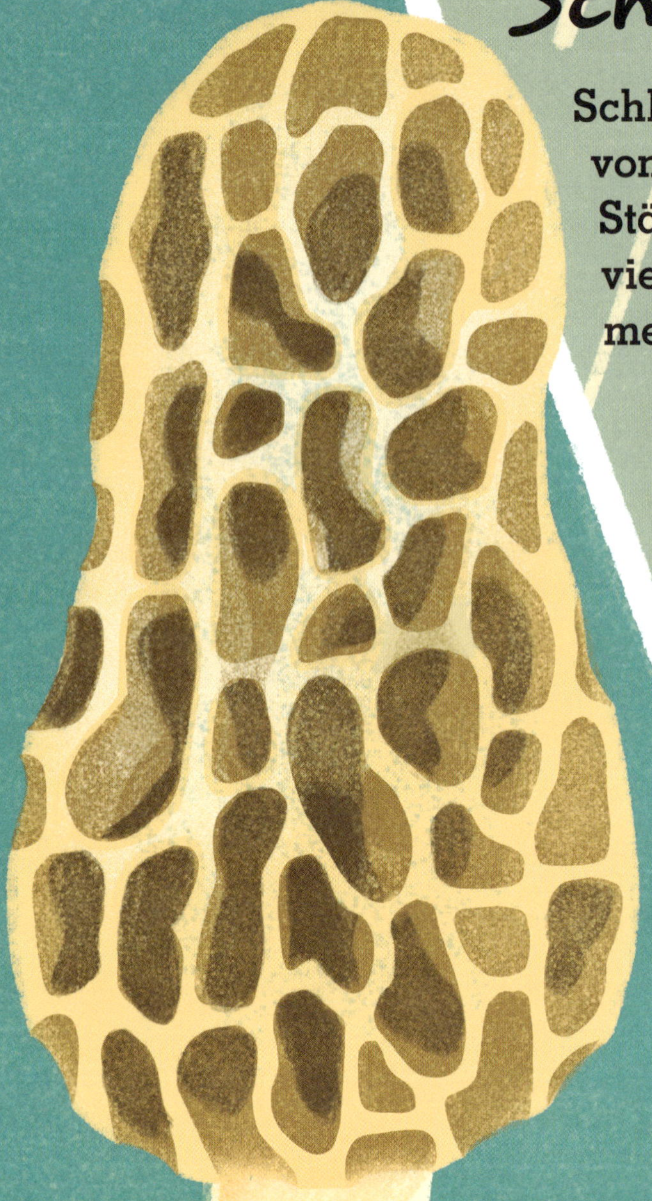

Morcheln

Fruchtkörper mit einer Wabenoberfläche sind meist Morcheln. Die Waben entstehen durch die zahlreichen Gruben. Mit einem Stiel erhebt sich der Pilz über den Boden.

Becherförmig

Die Sporenschläuche befinden sich in den becherförmigen Fruchtkörpern. Regentropfen verbreiten die Sporen, wenn sie den Becher treffen und wieder herausspritzen.

Der Kohlen-Kugelpilz sieht wie ein Stück Kohle aus.

Die Fruchtkörper wachsen in Schichten, die jüngsten an der Außenseite.

Flaschenförmig

Manche Fruchtkörper sind kugel- oder flaschenförmig. Einige sind sichtbar, während andere innerhalb der Pflanze wachsen, die der Pilz besiedelt.

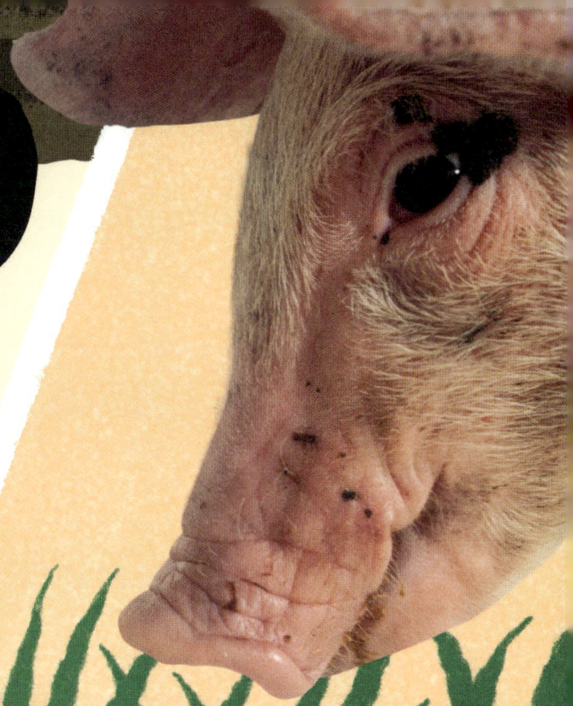

Trüffel wachsen meist unterirdisch.

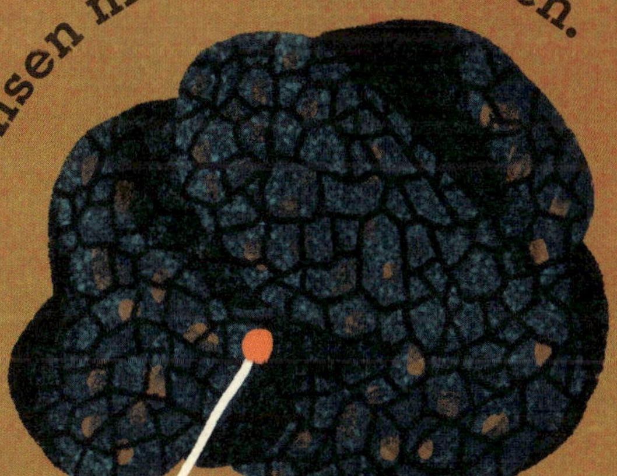

Die Sporenschläuche platzen, um die Sporen zu entlassen.

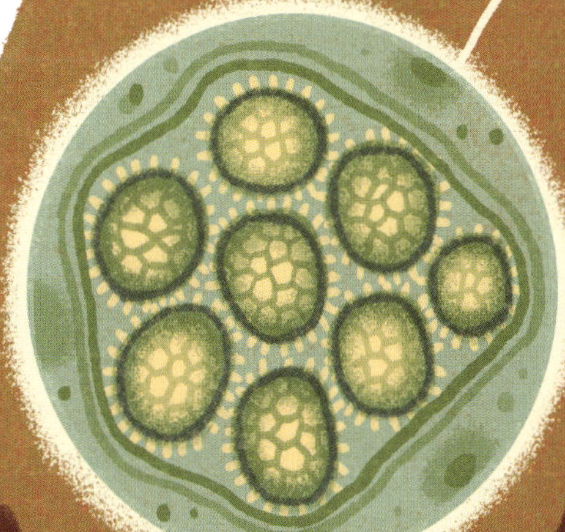

Trüffel

Die aromatischen Trüffel sind im Boden verborgene Schätze – einige Arten werden für sehr viel Geld gehandelt. Schweine lieben diese Pilze und führen die Trüffelsammler zu den Fundstellen.

Essbar ...

Pilze schmecken kleinen und großen Tieren und natürlich auch den Menschen. Sie enthalten Eiweiße, die wichtig für den Muskelaufbau sind.

Einige Pilze sind sehr zäh. Hunderte Arten sind essbar, schmecken aber nach nichts oder schlecht.

Warnung!

Giftige Pilze können essbaren zum Verwechseln ähnlich sehen. Iss NIEMALS einen Pilz, den du im Freien gefunden hast!

Flaschen-Stäubling

Stäublinge enthalten Massen von Sporen, die bei Berührung austreten. Die meisten sind essbar, doch manche Giftpilze sehen ähnlich aus.

Grüngefelderter Täubling

Man findet ihn unter Esskastanien und anderen Bäumen. Er ist ein Partner der Baumwurzeln, die von ihm Wasser und Salze aus dem Boden erhalten.

... oder giftig?

Manche Pilze sind schmackhaft, andere ungenießbar oder sogar giftig. Von ihnen wird dir schlecht, oder sie können dich sogar töten.

Aussehen täuscht

Ein Pilz, der wie ein essbarer aussieht, kann dich krank machen. Vergleiche diese Pilze mit den essbaren auf der vorigen Seite – erkennst du den Unterschied?

Ein Giftpilz namens Spitzgebuckelter Raukopf ist leicht zu verwechseln mit dem Steinpilz.

Der giftige Dunkle Ölbaumtrichterling sieht wie ein Pfifferling aus.

Knollenblätterpilz

Der Grüne Knollenblätterpilz ist tödlich giftig. Man sagt, dass der römische Kaiser Claudius an ihm gestorben ist. Er hielt ihn für eine essbare Art, die ähnlich aussieht.

Junge Knollenblätterpilze sehen wie Stäublinge aus.

Schneckenfutter

Dein Körper funktioniert anders als der vieler Tiere, denen Giftpilze nicht schaden. Schnecken lieben einige Pilze, die dir nicht bekommen würden.

Fliegenpilze sind für Fliegen und Menschen giftig. Früher benutzte man sie zum Vergiften von Fliegen!

Hexenringe

Fruchtkörper von Pilzen tauchen oft über Nacht auf. Sie können auffällig geformt und gefärbt sein oder geheimnisvolle Ringe bilden. Früher glaubte man, diese Ringe hätten etwas mit Zauberei zu tun …

Von Pilzen geschädigtes Gras

Welkes Gras

Ringe aus welkem Gras und nackter Erde entstehen durch einen Pilz im Boden, der das Gras zum Absterben bringt.

Gedüngtes Gras

Ringe aus frischgrünem Gras können auch von Pilzen verursacht werden. Ein im Boden lebender Pilz fördert das Wachstum.

Der Pilz versorgt die Graswurzeln mit Nährstoffen.

Hexenring

Das Myzelium des Pilzes wächst in jedem Jahr weiter nach außen. Die alten Teile in der Mitte sterben schließlich ab und lassen einen Ring übrig.

Baumring

Manchmal bildet sich ein Ring um einen Baum herum. Die Pilze sind mit den Wurzeln des Baums verbunden und versorgen sie mit Wasser und Mineralien.

Hexenringe können Hunderte von Jahren alt und immer größer werden.

Seltsame Pilze

Manche Pilze sehen sehr ungewöhnlich aus. In der Vergangenheit hat dieses Aussehen ihnen oft ihren Namen verliehen.

Legenden

Früher erzählte man sich viele Geschichten über Pilze. Die Bezeichnung Hexenring etwa kommt daher, weil man geglaubt hatte, Hexen würden sich an diesen Orten treffen.

Strauchflechten

Flechten haben verschiedene Formen. Strauchflechten sind buschig oder hängen von Ästen herab.

In den meisten Flechten leben Schlauchpilze (S. 20–21) mit becherförmigen Fruchtkörpern.

Laubflechten

Die Außenschichten der Laubflechten bestehen aus dicht verwobenen Hyphen. Das Innere ist ein lockeres Hyphengeflecht. Unter der oberen Schicht befinden sich Algenzellen.

Laubflechten ähneln mit ihren unterschiedlichen Ober- und Unterseiten kleinen Blättern.

Krustenflechten

Die Krustenflechten wachsen eng an den Untergrund geschmiegt. Wie andere Flechten können sie sehr lange leben und sehr groß werden.

Flechten

Die krusten- oder laubähnlichen Flechten, die auf Felsen und Baumstämmen wachsen, sind Pilze, die in einer Gemeinschaft mit Algen oder Cyanobakterien leben. Der Pilz liefert Wasser und Mineralien, sein Partner Kohlenwasserstoffe.

Schuppige Krustenflechte

Diese Form mit ihren überlappenden Schuppen stellt einen Übergang zwischen Krusten- und Laubflechten dar.

Nur sehr wenige Partner sind Ständerpilze.

Die Rentierflechte ist die Hauptnahrung der Rentiere im Winter.

Manche Flechten sind Tausende von Jahren alt.

Echte Rentierflechte

Diese robuste Flechte bedeckt weite Gebiete der oft gefrorenen Tundra im Norden der Erde und der kalten Wälder. Sie kann über 15 cm hoch werden. Anders als die meisten Flechten wächst die Rentierflechte recht schnell.

Bekannt sind rund 25 000 Flechtenarten.

Flechten der Wüste

Diese Flechten wachsen im extremen Klima heißer, trockener Wüsten. Hier könnten weder der Pilz noch die Alge allein überleben.

Bunt, ...

Blüten locken mit ihren leuchtenden Farben Insekten an, die dann den Pollen der Pflanzen verbreiten. Pilze haben jedoch keinen Pollen. Warum gibt es dann auch bunte Pilze?

Ein Rätsel

Es gibt die Vermutung, dass die Farben mancher Pilze Tiere vor ihrem Gift warnen. Andere Pilze könnte die Farbe vor dem Sonnenlicht schützen. Die Forschung hat hier noch viel zu tun.

Warum manche Pilze so bunt sind, ist noch nicht geklärt.

Warnfarben

Leuchtende Farben sorgen für die Sicherheit von Tieren: Mit ihnen warnen die bunten Tiere andere vor ihrem Gift und werden nicht gefressen.

... dunkel ...

Sich warm halten

Tiere, die in kalten Regionen leben, sind oft dunkel gefärbt, weil dunkle Farbe Wärme besser aufnimmt. Pilze in kühlen Regionen sind aus den gleichen Gründen dunkel.

... oder leuchtend

Auffällig im Dunkeln

Über 80 Pilze leuchten im Dunkeln grünlich. Möglicherweise locken sie damit Tiere an, ihre Sporen zu verbreiten, doch sicher ist das nicht.

Leuchtende Fruchtkörper und Myzelien auf der Borke lassen einen Baum aussehen, als würde er brennen.

Fluoreszenz

Flechten schimmern nicht so wie manche Pilze, doch in ultraviolettem Licht leuchten sie manchmal erstaunlich bunt.

Partner der Pflanzen

Sehr viele Pflanzen haben Pilze als Partner: Winzige Pilzkolonien leben in den Blättern und Stängeln. Oft sind Pilze auch mit den Wurzeln verbunden und bilden mit ihnen ein gemeinsames Netzwerk im Boden.

Weltweites Netz

Jeder Baum hat Kontakt zu den im Boden lebenden Pilzen einer oder mehrerer Arten. Die Myzelien können die Wurzeln desselben oder verschiedener Bäume verbinden.

In Pflanzen einwachsen

Die häufigste Form der Mykorrhiza (einer Partnerschaft zwischen Pilzen und Pflanzenwurzeln) besteht bei nicht verholzten Pflanzen. Der Pilz wächst in die Pflanzenzellen ein.

Wurzeln für Pilze

Der Pilz und der Baum verbinden sich in kurzen Wurzeln am Ende längerer Wurzeln. Hyphen bedecken wie eine Socke das Ende der Wurzeln.

Netzwerk

Die in die Wurzeln einwachsenden Pilze bilden ein Netzwerk. Sie erhalten Wasser und Nährsalze aus dem Boden und geben sie an den Baum weiter, der dem Pilz im Gegenzug Zucker liefert.

Ein Teelöffel Erde kann bis zu 10 km an Hyphen enthalten.

Fichtenspargel

Parasiten

Einige Pflanzen haben kein Chlorophyll (die grüne Verbindung, die der Zuckerproduktion dient). Der Pilz liefert ihnen nicht nur Wasser und Nährstoffe, sondern auch die von einem Baum erhaltenen Zucker.

Die Hyphen können parasitischen Pflanzen Nährstoffe liefern.

Pflanzenschädlinge

Die meisten Pilze nützen den Pflanzen, es gibt jedoch auch einige, die Wurzeln oder Blätter schädigen. Sie können Zierpflanzen, Nutzpflanzen und sogar große Bäume zum Absterben bringen.

Panamakrankheit

Dieser Pilz blockiert den Wassertransport in Bananenstauden – die Pflanze verwelkt, bildet keine Früchte mehr und stirbt schließlich ab.

Sojabohnenrost

Dieser Pilz schädigt die Blätter der Sojabohnenpflanze. Die Blätter fallen ab und die Pflanze bildet weniger Früchte.

Mehltau

Mehltau wird von verschiedenen Pilzen verursacht. Sie bilden einen weißlichen Belag auf den Blättern. Die Pilze entziehen den Pflanzen Wasser und Nährstoffe.

Maisbeulenbrand

Dieser Brandpilz befällt alle Teile der Maispflanze. Die Körner schwellen an und bilden Wucherungen, die man Gallen nennt.

Pilzschäden

Die Pilzerkrankungen von Reis, Weizen, Sojabohnen, Mais und Kartoffeln vernichten jedes Jahr Nahrung, von der viele Millionen Menschen hätten satt werden können.

Ulmensterben

Pilze können ganze Landschaften verändern. Ulmen waren in Europa weit verbreitet, sind aber durch das Ulmensterben fast verschwunden.

Die Sporen werden durch Käfer verbreitet, die an den Ulmen fressen.

Reisbräunepilz

Dieser Pilz wächst in die Pflanzenzellen ein, die fünf Tage später absterben. In jedem abgestorbenen Bereich entstehen Tausende von Sporen, die andere Pflanzen anstecken können.

Getreideschwarzrost

Die Pilze erzeugen orangerote Sporen, die wie Rost aussehen. Sie müssen von einer Pflanzenart auf eine andere wechseln, um ihren Lebenszyklus zu vollenden.

Grauschimmel

Botrytis kann über 200 Pflanzenarten befallen und mag es gern feucht. Der pelzige graue Schimmel erzeugt Tausende von Sporen, mit denen er sich verbreitet.

Kraut- und Knollenfäule

Phytophthora infestans ist ein Scheinpilz und wird zu den Eipilzen gezählt. Er verursachte in der Mitte des 19. Jahrhunderts durch den Befall von Kartoffeln eine große Hungersnot in Irland.

Nahrung aus Pilzen

Einige beliebte Nahrungsmittel und Getränke gäbe es nicht ohne Pilze! Sie dienen als schmackhafte Zutat und aus einigen werden spezielle Pilzgerichte zubereitet.

Köstliche Pilze

Essbare Pilze schmecken nicht nur, sie sind auch gesund! Sie enthalten viele Eiweiße, die der Körper für den Muskelaufbau benötigt. Außerdem liefern sie Vitamine der B-Gruppe, die für uns wichtig sind.

Küchenmeister

Pilze werden bei der Herstellung verschiedener Speisen eingesetzt. Edelschimmel werden bei der Käseherstellung verwendet, andere Pilze dienen zur Verfeinerung von Backwaren, Soßen, Getränken und anderen Speisen.

Aspergillus niger

Zitronensäure lässt sich mithilfe von Schimmelpilzen herstellen. Sie wird Konserven zugesetzt, um den Verlust an Vitamin C zu verhindern, oder sie dient zum Ansäuern von Getränken.

Getränk

Dosenfrüchte und -gemüse

Sojasoße

Sojasoße wird mithilfe des Pilzes Aspergillus flavus var. oryzae aus Sojabohnen und Weizen gebraut.

Tempeh wird mithilfe von Rhizopus-Pilzen aus Sojabohnen gemacht.

Tempeh

Kakaobohnen

Schokolade wird aus Kakaobohnen gemacht, doch die frischen Bohnen sind sehr bitter. Pilze und Bakterien zersetzen ihre Hülle und machen sie schmackhaft.

Brot

Hefepilze produzieren das Gas Kohlendioxid, das Hefeteig aufgehen lässt.

Camembert

Roquefort

Geruch und Geschmack der Käsesorten Camembert und Roquefort gehen auf Penicillium-Pilze zurück.

Resteverwerter

Pflanzen produzieren jedes Jahr Millionen Tonnen neues Pflanzengewebe. Überall läge abgestorbenes Material herum, wenn Pilze es nicht abbauen würden. Sie setzen die darin enthaltenen Nährstoffe wieder frei, sodass andere Pflanzen diese aufnehmen können.

Weißfäule

Manche Pilze nutzen alle Inhaltsstoffe des Holzes, sodass es ausbleicht. Das nennt man Weißfäule. Das Holz verrottet, bis es ganz verschwunden ist.

Braunfäule

Andere Pilze lassen den Holzstoff Lignin übrig. Man spricht von Braunfäule, da das verbleibende Lignin braun gefärbt ist.

Manche Pilze können Schadstoffe im Wasser abbauen. Bei starker Verschmutzung sind sie jedoch machtlos.

Der Ohrlöffel-Stacheling baut Kiefernzapfen ab.

Der Kastanienschalen-Stromabecherling ernährt sich von der stachligen Fruchtschale der Esskastanien.

Pillenwerfer

Dieser Pilz zersetzt Dung und kann seine Sporen 1 m weit durch die Luft schleudern (daher sein Name), sodass sie an Grashalmen klebenbleiben. Fressen Tiere das Gras, gelangt er über den Darm in den Dung.

Pilze können alle Materialien zerlegen, die von Pflanzen, Tieren und Mikroben produziert wurden.

Plastikmüll ist ein großes Problem für die Umwelt.

Plastik

Jedes Jahr werden Milliarden von Tonnen Plastik hergestellt, die nicht abgebaut werden. Der Pilz *Aspergillus tubingensis* baut nur bestimmte Kunststoffsorten ab und wird das Problem auch nicht lösen.

Kuhhornpilz

Manche Pilze zersetzen Haare oder Nägel. Der Kuhhornpilz besiedelt die Hörner toter Tiere.

Verschiedene Pilze besiedeln unterschiedliche Materialien.

Partner der Tiere

Manche Tiere werden von Pilzen bei der Nahrungsverarbeitung oder bei ihrer Verteidigung unterstützt. Im Gegenzug liefern die Tiere den Pilzen Nährstoffe oder bringen die Pilze zu einer Nahrungsquelle.

Darmbewohner

Einige pflanzenfressende Tiere haben einen Magen mit mehreren Kammern. Zu Beginn der Verdauung gibt es wenig Sauerstoff, dort helfen Pilze und Bakterien bei der Nahrungsverarbeitung.

Termiten

Einige Termiten vermehren in ihren Bauen Pilze, um sie zu fressen. Sie liefern den Pilzen Pflanzenmaterial und schützen sie vor schädlichen Bakterien.

Holzwespen

Holzwespen tragen die Sporen vom Amyloidschichtpilz in Taschen am Hinterleib. Bei der Eiablage bringen sie diese in das Holz ein. Die Pilze zersetzen das Holz, sodass es weich genug für die Wespenlarven ist, um es zu fressen.

Pilzlieferung

Wenn Ambrosiakäfer neue Bäume besuchen, bringen sie Pilzsporen mit. Sie legen die Eier zusammen mit den Sporen unter der Borke ab. Der Pilz wächst in den Fraßgängen der Larven.

Schildläuse

Schildläuse saugen Saft aus den Pflanzen wie durch einen Strohhalm. Sie werden vom Pilz *Septobasidium* geschützt, doch der Pilz verzehrt auch einige von ihnen.

Tierparasiten

Pilze können tödlich sein: Einige befallen vor allem Insekten und andere Kleintiere. Andere können auch größere Tiere töten.

Menschen verbreiten Pilzkrankheiten, indem sie

Meeresschildkröten

Der Pilz *Fusarium solani* schädigt die Eier, die die Meeresschildkröten an den Stränden der Ozeane ablegen. Die Tiere sind vom Aussterben bedroht.

Einige Pilze der Gattung *Ophiocordyceps* konservieren ihre toten Wirte, aus denen dann die Fruchtkörper herausragen.

Insekten

Manche Pilze töten Insekten und ernähren sich von ihnen. Da einige Insekten Nutzpflanzen schädigen, werden die Pilze zur Kontrolle dieser Tiere eingesetzt.

Fledermäuse

Die Kleine Braune Fledermaus überwintert in kalten Höhlen im östlichen Nordamerika. Der Pilz *Pseudogymnoascus destructans* ernährt sich von der Haut der Fledermäuse. Dadurch werden die Tiere öfter wach und sterben an Energiemangel.

Die weißen Pilze sind auf der Nase der Fledermaus zu erkennen.

Bienen

Der Pilz *Nosema apis* infiziert den Darm von Bienen. Viele der Arbeiterinnen werden durch ihn getötet, sodass nur die Königin und ein paar Ammen übrig bleiben.

Nematoden

Einige Pilze fangen Fadenwürmer (Nematoden) mit klebrigen Schlingen oder Sporen. Wurde ein Wurm gefangen, wachsen die Hyphen in seinen Körper ein und verzehren ihn.

Die Schlinge zieht sich zu, wenn ein Fadenwurm hindurchkriechen will.

Dinge rund um die Welt transportieren.

Ausgerottet

Pilze können ganze Arten ausrotten. *Batrachochytrium dendrobatidis* befällt Amphibien und hat möglicherweise zum Aussterben der Goldkröte in Costa Rica geführt.

Fliegen anlocken

Geruchsstoffe der Pilze locken oft Fliegen an, die die Sporen verteilen. Andere Stoffe hindern die Fliegen am Fressen und an der Eiablage, sodass die Fruchtkörper nicht zerstört werden.

Fremdsteuerung

Zikaden

Der Pilz *Massospora cicadina* ernährt sich vom Hinterleib bestimmter Zikaden. Die Zikaden scheinen das nicht zu bemerken und verbreiten den Pilz weiter.

Wenn sich ein Insekt seltsam verhält, kann ein Pilz die Ursache sein. Er gibt chemische Stoffe ab, die das Verhalten des Insekts steuern.

Zombie-Ameisen

Der Pilz *Ophiocordyceps unilateralis* will hoch hinaus, um seine Sporen zu verteilen. Er bringt die Ameise, in der er wächst, dazu, sich an einem Blatt festzubeißen.

Dieser Pilz ist für Menschen unschädlich.

Pilze in uns

Pilze sind überall – auch auf deiner Haut. Die meisten sind harmlos. Andere Pilze leben im Inneren des Körpers, und in der Luft schwebende Sporen bringen dich zum Niesen, wenn du sie einatmest.

Heuschnupfen

In der Luft schweben mehr Pilzsporen als Pollen. Wenn du auf sie allergisch reagierst, kannst du Heuschnupfen bekommen. Das führt dazu, dass die Nase läuft.

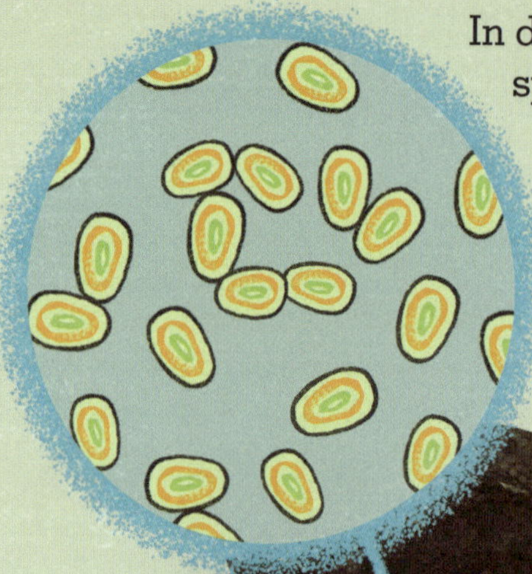

Candidose

Der Pilz *Candida* lebt in Mund, Rachen und Darm. Normalerweise befindet er sich im Gleichgewicht mit anderen Mikroben. Gelegentlich gewinnt er die Überhand und bildet weiße Beläge.

Aspergillus fumigatus

Anders als die meisten Pilze kann dieser gut bei Körpertemperatur gedeihen. Vermutlich atmen wir seine Sporen täglich ein, doch nur selten macht er Menschen krank.

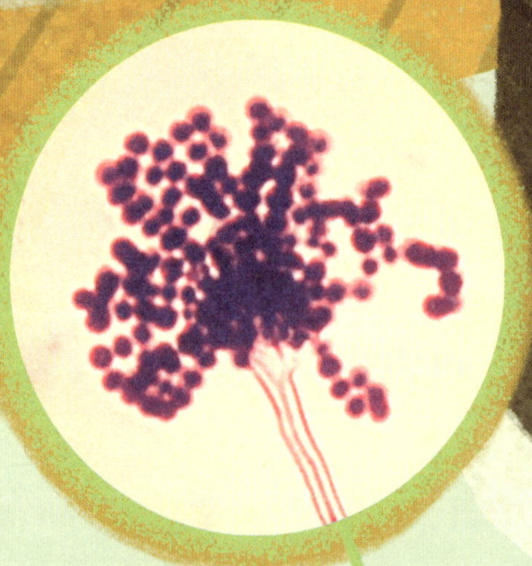

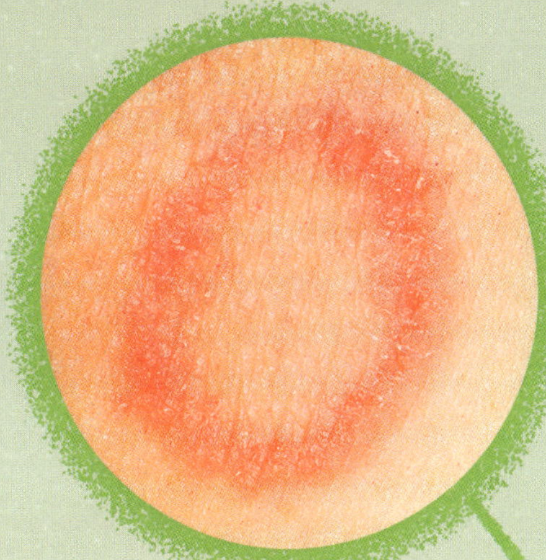

Schuppen

Die Hefe *Malassezia* ist eine der Ursachen für Kopfschuppen. Sie zerlegt Hautfette in Stoffe, auf die du empfindlich reagierst. Deine Haut erneuert sich dann schneller als normal.

Ringelflechte

Ringelflechte bildet rote, juckende Ringe. Sie wird vor allem von einem Pilz der Gattung *Trichophyton* verursacht. Die Rötung beginnt in der Mitte und wächst dann ringförmig nach außen.

Pilze im Darm

Darmbakterien helfen uns bei der Verdauung und liefern Vitamine. Es gibt auch Pilze im Darm, deren Funktion bisher unbekannt ist.

Fußpilz

Hast du schon einmal ein Jucken zwischen den Zehen bemerkt? Dabei kann es sich um Fußpilz handeln. Er wird oft von einer anderen Art der Gattung *Trichophyton* hervorgerufen.

Pharmafabriken

Viele der wichtigsten Medikamente stammen ursprünglich aus Pilzen und es werden immer mehr. Schon in vorgeschichtlichen Zeiten benutzten Menschen Pilze als Medizin – vor über 5000 Jahren!

Penicillin war das erste Antibiotikum – ein Medikament, das Bakterien abtötet.

Ötzis Pilz

1991 entdeckte man in den Ötztaler Alpen in Österreich den Körper eines Mannes, der vor rund 5300 Jahren gelebt hat. Bei ihm fand man einen Birkenporling. Er wollte den Pilz vermutlich essen, um Fadenwürmer im Darm loszuwerden.

Penicillin

Im Jahr 1928 erforschte der britische Arzt Alexander Fleming Bakterien. Nach einigen Wochen bemerkte er, dass ein *Penicillium*-Pilz eingedrungen war und alle Bakterien in seiner Umgebung abgetötet hatte. Fleming schlussfolgerte, dass der Pilz Bakterieninfektionen heilen könnte.

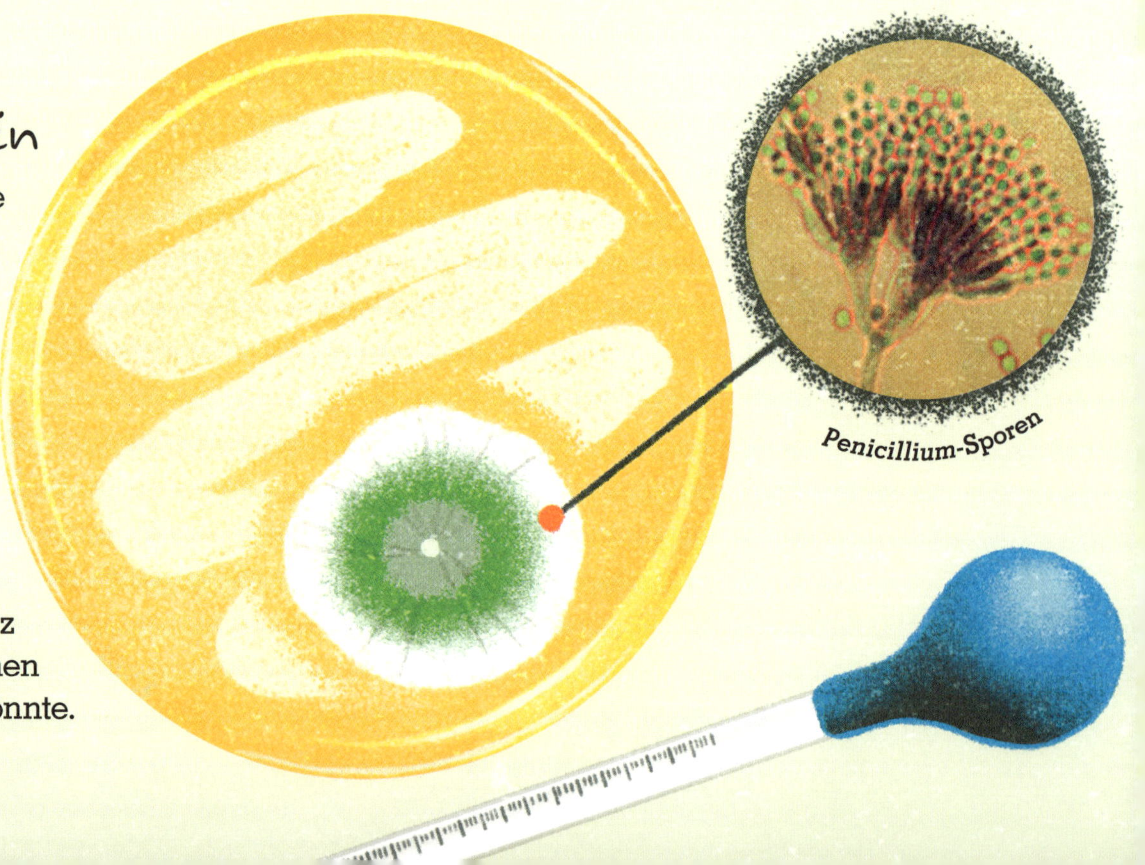

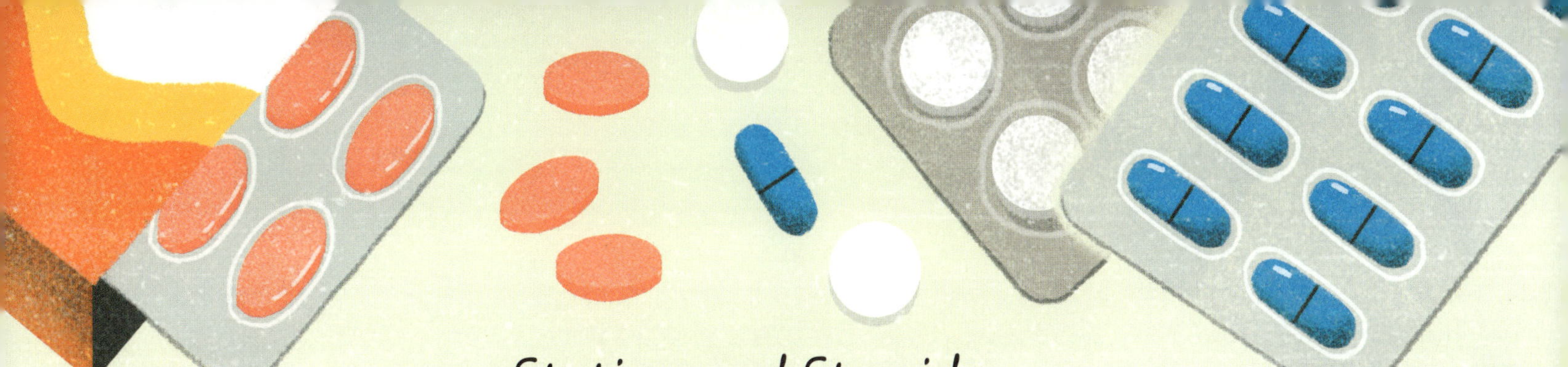

Statine und Steroide

Pilze erzeugen Statine und Steroide, die als Medikamente bei Menschen wirken. Statine senken den Cholesteringehalt des Bluts. Zu viel Cholesterin kann schädlich sein. Steroide wie Kortison können Ekzeme der Haut heilen, sollten aber möglichst nicht dauerhaft eingesetzt werden.

Neue Medikamente

Auf der Suche nach neuen Medikamenten werden auch traditionelle Heilmittel untersucht. Reishi und Schmetterlings-Tramete liefern Stoffe, mit denen sich Krankheiten behandeln lassen, doch wie sie wirken, ist noch unklar.

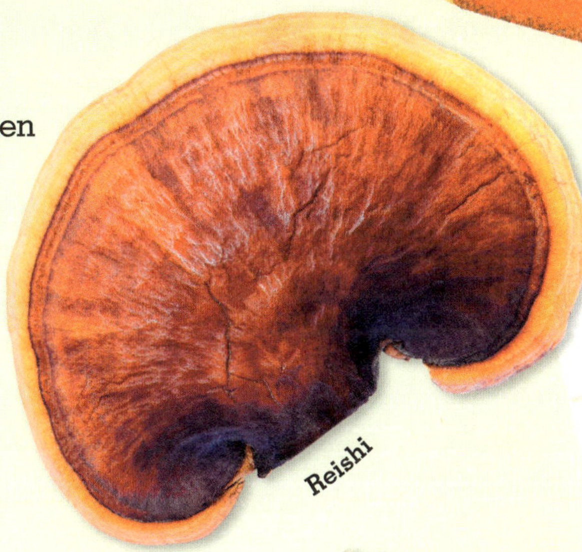

Reishi

Manche Menschen glauben, der Igel-Stachelbart sei gesund. Allerdings ist die Art in Europa gefährdet, man sollte die Pilze also nicht sammeln.

Schmetterlings-Tramete

Igel-Stachelbart

Wachstumshormone

Pilze produzieren wie Pflanzen Wachstumshormone, sogenannte Auxine. Man könnte sie in Zukunft beim Anbau von Nutzpflanzen einsetzen.

Industriealkohol

Pilzen können pflanzliches Material in Zucker umwandeln. Daraus lässt sich Industriealkohol für verschiedene Zwecke gewinnen.

Erstaunliche Chemiker

Pilze können chemische Verbindungen in ihre Bestandteile zerlegen. Sie können Medikamente herstellen und gefährliche Chemikalien entschärfen – wie kleine Chemiefabriken.

Nützliche Hefen

Hefen stellen die Verbindung Glycerin her. Sie wird bei der Seifenherstellung und als Frostschutzmittel im Kühler von Motoren eingesetzt.

Zügig erledigt

In der Chemie braucht es oft viele Schritte, um bestimmte Chemikalien herzustellen. Viele dieser Reaktionen erledigt der Pilz Rhizopus in einem Schritt.

Metallgewinnung

Pilze können Metalle gewinnen: Sie geben Säuren ab, die das Gestein rund um die Metalle auflösen. Pilze können Metalle auch aus Flüssigkeiten und Abfällen herauslösen.

Pilze können kleine Goldteilchen aus Wasser oder Eisenerz herauslösen.

Pilze für die Mode

Pilze produzieren Enzyme für die Textilindustrie. Diese Stoffe werden Waschpulver zugesetzt, sie entfernen lose Fasern und sorgen für den Stonewashed-Look.

Stonewashed Jeans

Farbstofflieferant

Manche Flechten und Pilze werden zum Färben von Wolle und Seide verwendet. Man weicht die Pilze in heißem Wasser ein, um die Farbe zu gewinnen.

Eindringlinge

Pilze zersetzen totes Gewebe in seine Grundstoffe, doch manchmal tun sie das schneller, als uns lieb ist! Sie können unsere Nahrung verderben, unseren Besitz und unsere Häuser angreifen …

In der Küche

Wir brauchen Nahrung und Nährstoffe, um gesund zu bleiben und Energie zu haben – genauso wie Pilze. Ein Schimmelpilz sieht aus wie ein pelziger Fleck.

Schimmeliges Brot kann dich krank machen. Pass daher gut auf!

Unter dem Fußboden

Der Echte Hausschwamm zerstört Holz in Dächern und Böden. Dadurch wird das Holz schwächer und kann brechen. Der Pilz kann sich von feuchten in trockene Bereiche weiterverbreiten.

Hausschwamm hat rostfarbene Sporen.

Wo es trocken und luftig ist, sind Hausschwamm und Schimmel selten.

Papierfraß

Papier besteht aus Zellulose, die aus Pflanzen gewonnen wird. Wenn es feucht ist, können sich Pilze von der Zellulose ernähren.

In der Luft

Schimmelsporen verbreiten sich über die Luft. Menschen, die auf Sporen allergisch reagieren, können krank werden, wenn sie diese einatmen.

Befall der Wände

Pilze der Gattung *Stachybotrys* befallen die unterschiedlichsten Materialien, wie Teppiche, Farbe, Papier und Leim. Sie geben viele Sporen und schädliche Stoffe ab, die man nicht einatmen sollte.

Pilze im Wasser

Viele Pilze kommen in Teichen, Seen, Bächen, Flüssen und Meeren vor. Sie leben im Wasser, in lebenden und toten Pflanzen, im Treibholz und im Schlamm am Grund. Sie verwerten Abbauprodukte und oft sind sie Partner anderer Lebewesen.

Sporenformen

Die Sporen der Wasserbewohner haben seltsame Formen – Bögen, Spiralen oder Dreibeine. Dadurch können sie im Wasser schweben und auf möglicher Nahrung landen, von der sie nicht wieder weggespült werden.

Partner Braunalgen

Manche Pilze töten Pflanzen und Algen, die im Wasser wachsen. Bei Braunalgen wurden Pilzpartner gefunden, die das Wachstum der Algen unterstützen. Die Pilze verhindern auch, dass junge Algen austrocknen.

Pilze zersetzen totes Gewebe und

Mangroven

Viele Pilze besiedeln Mangroven. Diese Pflanzen sind an ein Leben in Salz- und Brackwasser angepasst. Die Pilze können Partner, Schädlinge oder wichtige Stoffeverwerter sein.

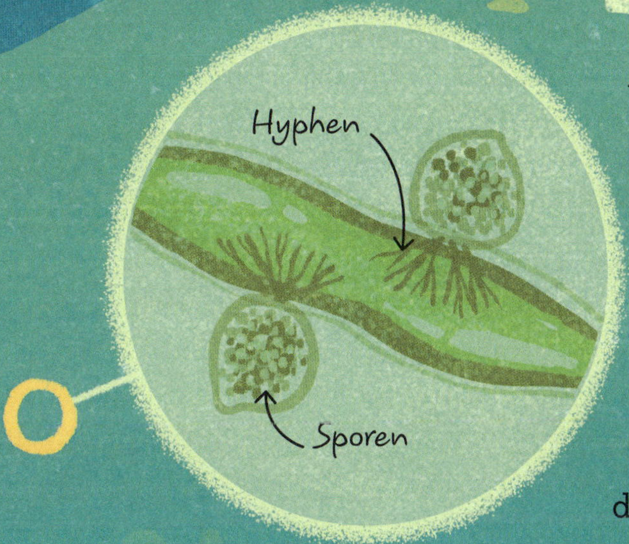

Töpfchenpilze

Kieselalgen bestehen aus nur einer Zelle, die dünner als ein Haar ist. Die Hyphen der Töpfchenpilze können in sie eindringen und sich von ihr ernähren. Sie bilden kleine Behälter schwimmfähiger Sporen außerhalb der Kieselalge.

Manche Pilze verursachen Fischkrankheiten.

Der Pilz *Aspergillus sydowii* zerstört Gorgonien, eine Gruppe von Korallen.

Meeresgeheimnisse

Über im Meer lebende Pilze wissen wir nur wenig. Es sind mehr als 1000 Arten bekannt, doch es gibt vermutlich noch Tausende mehr.

geben Nährstoffe frei.

Gigantische Pilze

Die meisten Pilze sind winzig klein, doch einige können riesige Fruchtkörper bilden. Andere bilden weit verzweigte Myzelien, die mehr als ein Blauwal wiegen können.

Der Hauptteil eines Pilzes verbirgt sich im Boden.

Hyphenstränge

Die kaum sichtbaren fadenförmigen Hyphen bilden das Myzel. Bei manchen Arten bilden sie gemeinsam dickere, sichtbare Stränge.

Drehst du ein Stück Totholz um, findest du oft Hyphenstränge, die vom Holz in den Boden darunter verlaufen.

Netzwerke

Die Hyphenstränge bilden Netzwerke unter dem heruntergefallenen Laub des Waldes. Sie verbinden verrottende Stämme, abgebrochene Äste und anderes Totholz. Über sie kann der Pilz Wasser und Nährstoffe von einem Ort zum anderen transportieren.

Rhizomorphen

Das sind besonders dicke Hyphenstränge mit einer dunklen Hülle. Sie werden von den Hallimasch-Pilzen der Gattung *Armillaria* gebildet, wachsen im Waldboden und verbinden Bäume miteinander. Ein einziger Pilz kann ein riesiges Netzwerk bilden.

Gewaltige Fruchtkörper

Termitomyces titanicus ist ein Pilz, dessen Myzel von Termiten gepflegt wird. Er soll der größte Speisepilz sein: Sein Hut kann einen Durchmesser von 1 m aufweisen.

Riesenboviste können einen Durchmesser von 150 cm erreichen.

Steinpilze können handgroß werden.

Der größte Pilz

In einem Wald in Oregon (USA) bedeckt das Rhizomorphen-Netzwerk eines einzigen Dunklen Hallimaschs rund 9,5 km^2 und wiegt etwa so viel wie 400 kleine Autos. Der Pilz ist mindestens 2500 Jahre alt und gilt als größtes Lebewesen der Erde.

Globale Erwärmung

Unser Planet verändert sich. Menschen zerstören Lebensräume, verschmutzen die Luft, das Land und das Wasser mit Giftstoffen und Gasen, die das Klima beeinflussen. Diese Veränderungen schaden auch den Pilzen.

Umweltverschmutzung

Die Gase, die bei der Verbrennung fossiler Brennstoffe wie Kohle oder Erdöl entstehen, verschmutzen die Luft, den Boden und das Wasser. In Fabriken und in der Landwirtschaft eingesetzte Chemikalien belasten das Wasser und den Boden.

Veränderte Zeiten

Pilze wachsen zu bestimmten Jahreszeiten, doch das sich verändernde Klima bringt ihren Rhythmus durcheinander. Die Fruchtzeit im Herbst ist oft länger, manche Pilze fruchten früher, ihre Partner dagegen manchmal später.

Verschwindende Pilze

Durch die Nutzung fossiler Brennstoffe und die Düngung gelangen Stickstoffverbindungen in die Böden. Diese schaden vielen Pilzen.

Die Verbreitung und die Fruchtzeit der Pilze werden verändert.

Die Erde ist bereits etwa 1 °C wärmer als im Jahr 1900.

Veränderte Landnutzung

Menschen holzen Wälder ab, um das Holz zu nutzen oder Landwirtschaft zu betreiben. Sie versiegeln den Boden mit Gebäuden und Straßen. So werden Lebensräume von Pilzen vernichtet.

Durch den Schutz von Lebensräumen werden auch Pilze geschützt.

Pilze im Frühjahr

Manche Pilze haben schon immer im Frühjahr Fruchtkörper bekommen, doch nun werden es immer mehr. Das liegt an den wärmeren Wintern, in denen die Pilze mehr Nährstoffe erhalten.

Andere Bäume

Manche Pilze wechseln auch mal die Baumart. Das Judasohr wuchs in England früher auf Holunder, heute dagegen meist auf Buchen.

Der Grüne Knollenblätterpilz verbreitet sich in Kalifornien (USA) rasant.

Eingeschleppt

Pilze können in neue Gebiete eingeschleppt werden. Oft verdrängen sie einheimische Pilze, indem sie sie bekämpfen oder mit ihnen um Nahrung konkurrieren.

Der Grünblättrige Schwefelkopf fruchtet nun früher im Herbst und sogar im Frühling.

Pilze schützen

Menschen sind für das Aussterben vieler Pflanzen-, Tier- und Pilzarten verantwortlich. Ohne Pilze würden jedoch die Ökosysteme der Erde nicht funktionieren. Diese Dinge können wir tun, um Pilzen zu helfen:

Stehen lassen!

In Naturschutzgebieten und Nationalparks dürfen keine Pilze gesammelt werden. Auch sehr junge oder alte Pilze solltest du stehenlassen. Von Maden oder Schnecken angefressene Pilze können noch Sporen abwerfen.

Blumenwiesen sind weitgehend verloren gegangen.

Schutz der Natur

Weiden für Tiere enthalten heute nur wenige schnell wachsende Gräserarten und sie werden zusätzlich gedüngt. Pilze benötigen dagegen Böden mit einer Vielzahl von Pflanzen und ohne Dünger – daher sollten Blumenwiesen geschützt werden.

Erdzunge

Saftling

Totholz liegen lassen

Einige seltene Pilze wachsen auf alten Baumstämmen und -stümpfen, die lange brauchen, bis sie verrottet sind. Deshalb sollten wir Totholz und abgebrochene Äste liegen lassen.

Totholz im Wald ist für viele Pilze eine wichtige Nahrung.

Alte Bäume schützen

Hohlräume in alten Bäumen werden oft von Pilzfäule befallen. Durch sie entsteht ein Lebensraum für Insekten, kleine Säugetiere und Vögel. Alte, hohle Bäume sollten nicht gefällt werden.

Glossar

Alge
Einfach gebautes, oft einzelliges Lebewesen, das im Wasser lebt.

Basidie
Ständer im Fruchtgewebe Höherer Pilze, an deren Ende meist vier kurzgestielte Sporen sitzen.

Becher
Becherförmiger Fruchtkörper, auf dessen Innenseite sich die Sporen in vielen langen Schläuchen befinden.

Cyanobakterien
Einzellige Organismen, die mithilfe der Sonnenenergie aus Kohlendioxid Zucker herstellen können.

Enzym
Organischer Wirkstoff, der für den Stoffwechsel benötigt wird.

Flechte
Ein Pilz, der in einer Symbiose mit einer Alge oder einem Cyanobakterium lebt.

Fruchtkörper
Der sichtbare Teil eines Pilzes, in dem die Sporen entstehen, und den man meist als Pilz bezeichnet.

Hefe
Sammelbegriff für einzellige Pilze.

Hut
Weiter, oberer Teil des Fruchtkörpers eines Pilzes, der auf einem Stiel sitzt.

Hyphe
Mikroskopisch kleine fadenartige Struktur. Die Hyphen bilden gemeinsam das Myzelium.

Keimung
Der Vorgang, bei dem eine Hyphe aus einer Spore herauswächst.

Mykorrhiza
Partnerschaft zwischen einem Pilzmyzel und Pflanzenwurzeln, bei der Nährstoffe ausgetauscht werden.

Myzel
Der eigentliche Körper der meisten Pilze. Das Myzel besteht aus einem weitverzweigten Netzwerk von Pilzfäden (Hyphen).

Nährstoff
Element oder chemische Verbindung, die von Organismen aufgenommen wird und wichtig für Stoffwechsel und Wachstum ist.

Ökosystem
Eine Gemeinschaft aus Tieren und Pflanzen, die sich einen Lebensraum teilen.

Organismus
Lebewesen, etwa ein Pilz, ein Tier oder eine Pflanze.

Parasit

Organismus, der in oder auf einem anderen lebenden Organismus wächst, ihm Nährstoffe entzieht und nichts zurückgibt.

Rhizomorphe

Sichtbare, wurzelähnliche, aus Hyphen bestehende Struktur bei Hallimasch-Arten.

Schimmel

Ein Pilz, der keinen großen Fruchtkörper produziert. Das Myzelium oder die Sporen sind oft grün, blau oder schwarz gefärbt.

Spore

Zelle, die von einem oder zwei Pilzen erzeugt wird. Sie wird durch die Luft oder von Tieren verbreitet und aus ihr kann ein neuer Pilz entstehen.

Ständerpilz

Die Sporen entstehen in speziellen Sporenständern. Bei den Hutpilzen besteht der Fruchtkörper aus Hut, Lamellen oder Röhren und dem Stiel. Doch auch Erdsterne, Boviste und viele Baumpilze zählen dazu.

Stiel

Der aufrechte Teil eines Fruchtkörpers, der dem Myzelium entspringt und der den Hut trägt.

Strang

Von mehreren Hyphen gemeinsam gebildete sichtbare Struktur.

Symbiose

Zusammenleben von Lebewesen unterschiedlicher Arten. Beide ziehen daraus einen Nutzen.

Trüffel

Pilz mit unterirdischem Fruchtkörper.

Umweltverschmutzung

Wenn Schadstoffe in die Luft, den Boden oder das Wasser abgegeben werden, spricht man von Umweltverschmutzung.

Velum

Hülle, die bei einigen Pilzen den Fruchtkörper bedeckt und die reißt, wenn der Pilz wächst.

Zelle

Ein kleiner Baustein eines größeren Organismus.

Register

Dank und Bildnachweis

Der DK Verlag dankt: Vagisha Pushp für die Bildredaktion und Vikram Singh für die Layoutassistenz.

Der Verlag dankt folgenden Personen und Organisationen für die freundliche Genehmigung zum Abdruck von Fotos:

(Abkürzungen: o = oben, u = unten, m = Mitte, l = links, r = rechts, g = ganz, Hg = Hintergrund)

4 Alamy Stock Photo: Mediscan (ur). **Dreamstime.com:** Alexander Kurlovich (mo). **5 Dreamstime.com:** Katyspichal (m). **Science Photo Library:** Power And Syred (mr). **8 Alamy Stock Photo:** Arterra Picture Library / Clement Philippe (mro). **9 Dreamstime.com:** Serban Enache (ur). **Dr. Gareth Wyn Griffith:** (mlu). **Dr. Yu-Ling Huang:** (mo). **10 Getty Images:** Stone / Ed Reschke (um). **13 Dreamstime.com:** Alexander Potapov (mro). **14 Dreamstime.com:** Darius Baužys (gol). **Getty Images / iStock:** hsvrs (gor). **15 Alamy Stock Photo:** Redmond Durrell (gor). **21 Alamy Stock Photo:** Sabena Jane Blackbird (mlo). **22 Dreamstime.com:** Aleksandar Milutinovic (ul), Richard Thomas (mru). **23 123RF.com:** Andrzej Tokarski / ajt (mru). **Alamy Stock Photo:** Imagebroker / Arco / O. Diez (mo). **Dreamstime.com:** Empire331 (mlu, mro). **25 Getty Images / iStock:** gurkoao (ur). **26 Alamy Stock Photo:** Sabena Jane Blackbird (mro). **27 Dreamstime.com:** Iakov Filimonov (mo). **28 Alamy Stock Photo:** Richard Becker (mlo), Pat Canova (mr), Chris Mellor (ur). **Dreamstime.com:** Werner Meidinger (mo), Whiskybottle (mro), Michaelimages (mogr). **Getty Images / iStock:** Azureus70 (ul), empire331 (ml). **29 Alamy Stock Photo:** Daniel Borzynski (ul), Bob Gibbons (mlo). **Getty Images / iStock:** hekakoskinen (mu). **Getty Images:** Moment / Louise Docker Sydney Australia (mr). **32 Alamy Stock Photo:** David Bleeker Photography (ur). **33 Alamy Stock Photo:** Rosey (gol), Thomas Weightman (ur). **Dreamstime.com:** Floriankittemann (ul). **35 Nick Read:** (gom). **Science Photo Library:** Power And Syred (ul). **36 Dreamstime.com:** Matauw (m). **36–37 Dreamstime.com:** Alfio Scisetti / Scisettialfio (m). **37 Alamy Stock Photo:** Witold Krasowski (mu). **Dreamstime.com:** Muriel Lasure (mo). **Science Photo Library:** Wim Van Egmond (gom). **38 Dreamstime.com:** Apisit Wilaijit (m). **39 Alamy Stock Photo:** Richard Becker (mlo), blickwinkel / F. Hecker (m). **40 Alamy Stock Photo:** Anton Sorokin (gom). **Dreamstime.com:** Heather Snow (m). **41 Dreamstime.com:** Somchai Khunwiset (m). **44 Alamy Stock Photo:** Icom Images (um), **Dreamstime.com:** Dalius Baranauskas (ml). **45 Alamy Stock Photo:** Mediscan (gol), **Dreamstime.com:** Vchalup (mr), **Science Photo Library:** Dr P. Marazzi (mu). **46 Science Photo Library:** Biophoto Associates (mru). **47 Dreamstime.com:** Empire331 (ul). **Getty Images / iStock:** AnniePunyakorn (ur), Krungchingpixs (m). **48 Dreamstime.com:** GCapture (mo), Anton Ignatenco (mlo), Kingjon (ur). **49 Dreamstime.com:** Anton Starikov (mu), Taigis (um). **Getty Images / iStock:** Vaitekune (mru). **51 Science Photo Library:** Dr. Richard Kessel & Dr. Gene Shih, Visuals Unlimited (m). **52-53 Dreamstime.com:** Seadam. **53 Dreamstime.com:** Jdazuelos (mru). **55 Humongous Dreamstime.com:** Lightboxx (ml). **58 Dreamstime.com:** Jm73 (mr, gur). **59 123RF.com:** Eric Isselee / isselee (ul). **Dreamstime.com:** David Hansche (mu, mru), Henrikhl (gom).